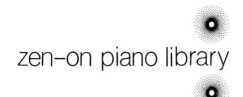

zen-on piano library

KABALEVSKY

T0078531

6 PRELUDES AND FUGUES FOR PIANO Op.61

カバレフスキー　**6**つのプレリュードとフーガ

表紙背の★印はグレード表示です。
★1つが一課程を表わしています。

全音楽譜出版社

も く じ
Contents

ピアノのための6つのプレリュードとフーガ
6 Preludes and Fugues for Piano Op.61

著者より

(この曲集を演奏する若い人たちのために)

曲の標題によって私たちはそれらが一定の形(プレリュードとフーガ)をもっているだけでなく,特定のいわゆるプログラムをもっていることにたぶん気がつくであろう。私はみなさんにとって一体このプログラムとは何であるか知ることは,単に興味ばかりではなくより有益なことであると思う。私たちが音楽を鮮明に演奏すればそれだけ明瞭にその内容を想像し,どんな考えや感情を聴衆に呼びおこすかを正確に知ることができる。しかしまず始めに私は一体フーガとはそしてプレリュードとは何かを手短かに説明しなくてはならない。みなさんが合唱曲を一度もきいたことがないとしたら,コーラスは一度にうたいはじめなかったり,また全員が同時にうたわないで,パートごとに,あるいはグループごとにうたいはじめることに気がつくだろう。まず合唱団のどれかのグループがうたい出す。たとえばバスにつづいて別のグループが加わり最後に3番目のグループ,そしてコーラスであれば4番目のグループ(バス,テノール,アルト,ソプラノ)と加わってくる。つまりいろいろの声部が互いに肩を並べて一つになり,ある時は単独で,時には二部,また時には三部で一つの合唱をつくる。このような手法で作られた音楽には主声部も伴奏部もない。あなたがたが演奏したり,歌ったりする曲の中にはこうしたものがたくさんある。それらの音楽では全声部が主声部であるといえる。そしてそれらの間で交互に主旋律を受けもつ。このような主声部や伴奏部の区別がつかないで,どの声部も同格である音楽はポリフォニー音楽とよばれる。フーガはこのような最も興味ある芸術的表現の一つであるポリフォニー音楽で作られている。フーガは2から5,時にはそれ以上の多くの声部から成る。そしてフーガは常にその全声部が一つずつ単独に順番に主題を演奏することで始まる。これがいわゆる提示部と称するフーガの最初の部分を構成する。それにつづき展開部とよぶフーガの次の部分が始まる。ここでは主旋律は発展し,形をかえ,転調する。そして遂にはフーガの終結である第三の部分,つまり再現部となる。ここでは普通原調にもどり各声部は再び主題を演奏する。あなたがたがフーガを練習する際にはできるだけ細かく分析しなさい。提示部,展開部,再現部とフーガの本質的境界,つまりどの声部に主旋律があり,どのように変化し,どんなふうに転調するかを

見きわめなさい。分析することによって早く且つ容易にフーガ(音楽)を記憶し,より上手に演奏できるようになる。ポリフォニー音楽を上手に演奏するように勉強することは大へん大事なことで,これによって私たちは旋律が低声部,上声部,あるいは内声部と,また左手あるいは右手とどこにあらわれようと充分な表現力で演奏する能力が得られる。こうして私たちは声部の数にかかわらず,美しく表現豊かにまとめることを学ぶ。私は今,プレリュードとは何かということについて,もう少し述べよう。プレリュード——これは独立して,あるいは他の小品と結び合って存在する小曲である。プレリュードはしばしばフーガに附随して書かれ二つの部分から成り立つにもかかわらず,フーガと共に一つの作品を形成する。プレリュードは物語の前おきが語り手に対してあるように,フーガの序奏にすぎないが時にはもっと独立した性格をもつ。もしフーガが特別の法則によってポリフォニー様式に書かれた場合は,プレリュードは全く自由に任意の形で,またポリフォニー様式にかかわりなく作られる。終わりに私はみなさんにこの曲集にのせた六つのプレリュードとフーガのプログラムについてのべたい。このプログラムのほとんど全部はみなさんお気づきのように青春時代の平和,ピオネールと共産青年同盟員の様子,時には自然の風景について描かれているものである。

プレリュードとフーガ第1番　森の中の小さい草原の夏の朝

ここではプログラムは大へん素朴である。プレリュードではやわらかい心地よいまだ目ざめていない森の草原の光景を描こうと思う。ほら,フーガの最初の音で森は息づき草原が目をさます。兎が姿をあらわして,太陽であたりがあたたかくなると,楽しそうにはねまわり追いかけっこをはじめる。そしてほど近くにあるらしいピオネールのキャンプから朝のラッパがきこえてくる。暑くなると大きな森のはずれの木蔭が恋しくなる。そこは涼しく平穏で静かである。

プレリュードとフーガ第2番　ピオネールに行こう

ここではこの曲集でただ一度だけプレリュードとフーガはべつべつの小さな標題をもつ。プレリュード——(大事なお話)——今日は*オクチャブリヤートにとって人生における大変重要な喜ばしい日である。彼らはピ

オネールに入ったばかりである。彼らの年長の共産青年同盟員であるピオネール指導員が大事な話——夏のピオネールは如何にあるべきか。勤労生活に対しての心構えとか祖国戦争における若いピオネールの英雄的偉業——を彼らに話してきかせる。フーガ——(祭日)——ここではたぶん何も説明する必要はないでしょう。祭日とは何か。楽しい，はじめて胸に赤いピオネールのスカーフが燃えるすばらしい日で，私の説明などなくても皆さんよく承知のことでしょう。

プレリュードとフーガ第3番　河のほとりの夕べの歌

　プレリュード——これはフーガのあとのエコーと共に自然の風景である。私にはプレリュードはこんなふうに思われる——夕方，河のほとり，太陽はもうかくれたけれども，まだあたたかい。そし月のほのかな光はこのために寒そうには思えない。対岸のどこか遠くからゆっくりした抒情的な歌がきこえてくる。ここでフーガが始まる。まず男声で始まり，さらに下の男声部に引きつがれ，それから上に女声が加わる。歌はおだやかでゆるやかだ。しだいに歌は近づいてはっきり大きくなる。近くの村の若い男女に違いない。1日中畑でよく働いたので彼らは今河のほとりを散歩している。一方私たちは河のこちら側に腰をおろして息をひそめて彼らの美しい心のこもった歌をきいている。歌は更に近づき私たちのそばを過ぎ，再びかすかになり夕闇に消える。そしてもとのような夕ぐれ，河の岸辺，かすかな月の光，平穏な静けさ……

プレリュードとフーガ第4番　ピオネールのキャンプにて

　ここではプログラムについて特別の説明を要しない。みなさんの大多数は勿論ピオネールを訪れたと思うのでプレリュードにおいても，フーガにおいても，ピオネールのラッパや歌や楽しい遊びをきっときいていると思います。

プレリュードとフーガ第5番　英雄の物語

　ここはこの曲集の中で最も重要で複雑な部分である。その構想は太陽に恵まれたクリミヤの暑い黒海の岸に沿ったアルテークのピオネールキャンプで生まれた。山から海に向う道のある曲り角に，手に自動銃を持った水兵の白い像が建っている。これは無名の海員の記念像であって，祖国戦争の際にクリミヤの防衛で亡くなった全海員を記念してここに作られた。こどもたちは水浴びのあとキャンプから海に通じるこの道を往復するたびに命令や注意をされなくても記念像を仰ぎ，白いパナマの帽子をぬいで敬虔な気持でだまって通り

すぎる。私はある時，赤色少年団指導員がこどもたちにアルテークのピオネールに尊敬されている無名の偉大な水兵の一人である若い共産青年同盟員の功績とその最後について語っているのをきいた。プレリュードでは私は若い偉人の姿，功績，そしてその最後を描こうとした。プレリュードが終ると大きな⌢になるが，これはさきほど私がお話した記念像のもとでの緊張した静けさである。そしてフーガが始まる。これはピオネール指導員の物語で，はじめは非常に静かで，それからしだいに興奮してくる。やはり興奮しないではお話できないでしょう。

プレリュードとフーガ第6番　労働祭

　ここでは共産青年同盟の時間外無給集団労働の情景を想像することができる。明かるい晴天の日，おまつりのように喜々として善良な若者たちは働きに出かける。彼らは自発的に自分たちの自由時間をこの労働に捧げることにきめたのです。彼らの労働は若いエネルギーと精力と情熱に燃えている。

　終わりに私はこれらのプレリュードとフーガの演奏に関して少しばかりつけ加えようと思う。

演奏の特質

第1番

プレリュードはできるだけおだやかに，平穏に，かつなめらかに。フーガは陽気でいきいきとしかも優雅に。

第2番

プレリュードは終始まじめに説得力をもって精力的に演奏するよう心掛けなければならない。

第3番

プレリュード及びフーガにつづくエコーでは旋律はうたうように，そしてそれに伴なう和音より音量豊かに演奏する。フーガでは強いアクセントをさける。これは旋律がうたうように流暢に演奏するのに役立ち，これによって漸進的ななめらかな線——まず *crese.*（歌の接近）ついで *dim.*（歌が遠のいてゆく）——を表現する

第4番

プレリュードもフーガもプレリュード後半の楽譜の中に指示された *poco rit.* を除いては，全く同一のテンポで演奏されなければならない。このたえまのない動きにこの曲の本質的なむずかしさがある。

第5番

プレリュードは非常に興奮と緊張をもって劇的にひびかなければならない。フーガの前の停止（ハ短調三

和音のフェルマータ）はできるだけ長く保持する。フーガは非常に静かに緊張して始めなくてはならない。ついでしだいしだいに興奮を増すと同時に，この音楽はだれのために捧げられたかを思い出しつつ演奏しなければならない。

第6番

これはこの曲集で最も重要であると同時に最もむずかしい。リズムの正確さ，明晰さ，音の正確さ。このためには全神経をこれに集中しなければならない。プレリュードの中で$\frac{2}{4}$拍子から$\frac{3}{4}$拍子に移る際，4分音符も4分休符も全く同じ時間価値であることに注意する。すべてのプレリュード，フーガにおいても同様であるが，一旦演奏をはじめたらテンポは変えるべきではない。

クライマックス

作品の最も重要で一般に最も表情的且つ最も音量の豊かな部分をクライマックスとよぶ。楽曲の部分部分には（特に楽曲が大きい場合に）それぞれの頂点がある。そしてこれらの頂点の中のあるものは最も大きな最も重要な最も音量豊かなクライマックスとなり，より小さい頂点もその作品の最頂点に到達する階段のようなものである。この一番大きいクライマックスな普通楽曲の後半，終わり近くに存在する。たとえば第5番のフーガにおいて，数回現われる2小節の動機（最初は第5，6小節）がこのような階段である。この動機の上に重要なフーガのクライマックスが構成される。またフーガ第4番では四つの頂点が異った音楽の上に作られていて，それらはたやすく見分けられる。最初は2点イに，2番目はロに，3番目はハに，そして最後に4番目はより高くニに達する。みなさんが演奏するそれぞれのプレリュードとフーガの中に小さな頂点（階段）と重要な頂点（クライマックス）を見つけなさい。このことはあなたがたが作品を明瞭に盛り上りをつけて演奏するのに役立ち，聴衆はその作品を容易に把握することができる。最も盛り上げなければならない作品のクライマックスまで，力を浪費しないよう，その配分に気をくばりなさい。

ペダルについて

ペダルの使用については最も重要な個所のみとした。表情的な個所のペダルの使用は生徒の芸術的，技術的進度によるもので，終局的には教師の指導のもとに行なわれる練習によって得られる。

テンポについて

テンポについての質問——これは非常に重要な問題でこれについてしばしば活発な論議が行なわれる。速やすぎはしないか，あるいは遅すぎるのではないか。この質問に答えるのはむずかしい。テンポを変えるのは意味のあることで，勿論一定の範囲内できめられた音楽の性格と作曲者の指示による変動はあり得る。その際原則として速いテンポでは軽快さを必要とし，遅いテンポでは，重々しく充実した音を必要とすることを記憶しておいてください（これは主としてどちらかというとテンポの速い音楽に関係することです）。

D．カバレフスキー
（長谷川寿夫一訳）

1. プレリュード と フーガ

（2声）

（森の中の小さい草原の夏の朝）

D. Kabalevsky
Op. 61 (1958–1959)

Moderato tranquillo

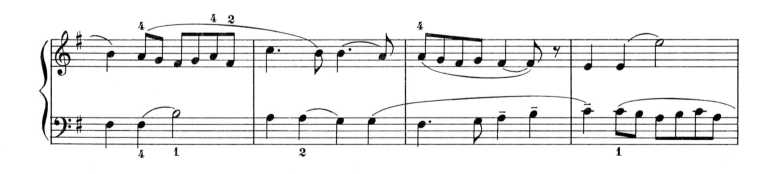

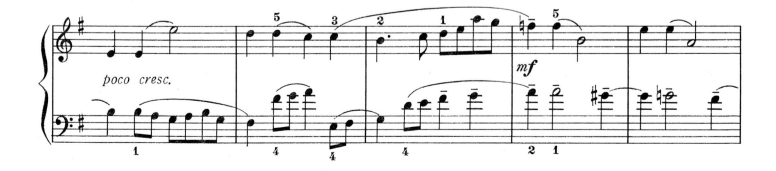

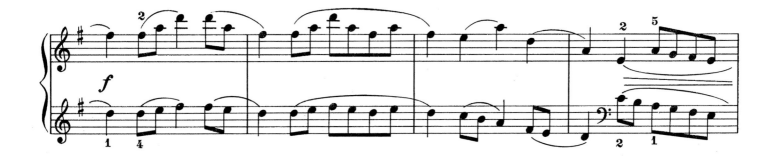

Tempo I

2. プレリュード と フーガ
(3声)
(ピオネールに行こう)

a) 大事なお話

Andantino maestoso

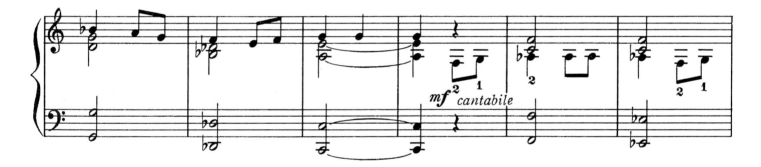

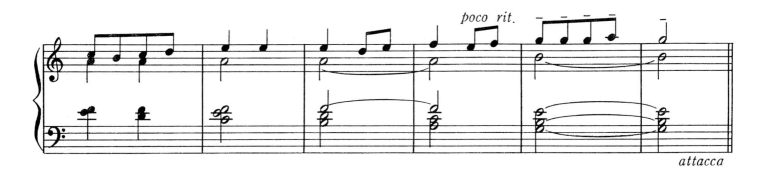

poco rit.

attacca

b) 祭日

Allegro giocoso

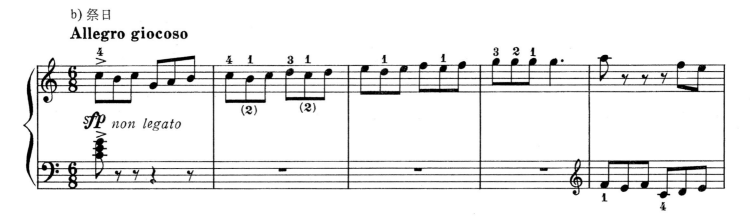

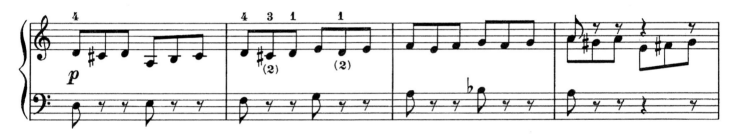

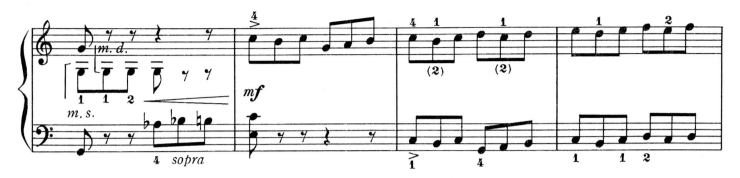

3. プレリュード と フーガ
(3 声)
(河のほとりの夕べの歌)

Andante sostenuto

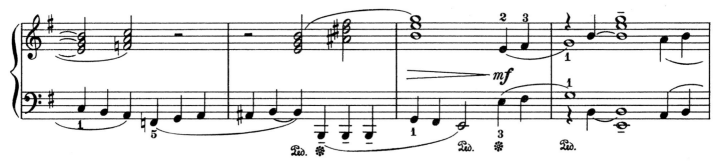

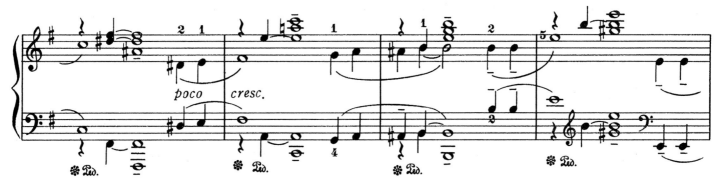

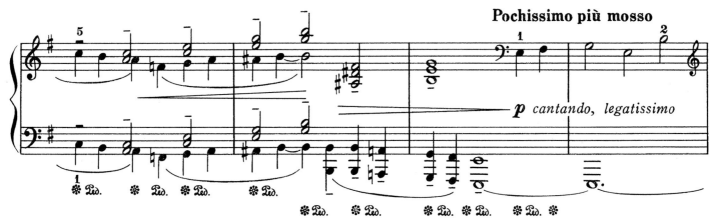

18

4. プレリュード と フーガ
(2 声)
(ピオネールのキャンプで)

Allegro moderato

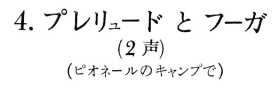

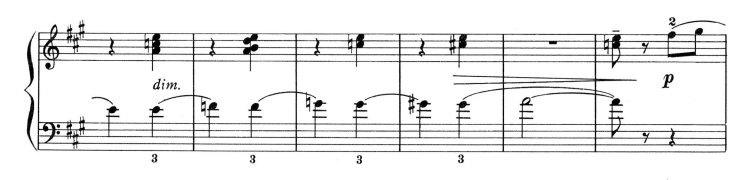
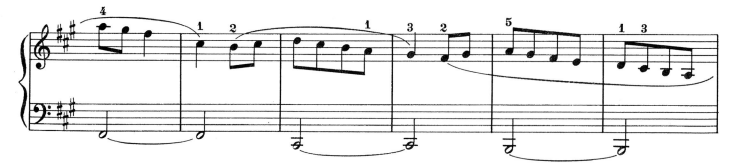

L'istesso tempo

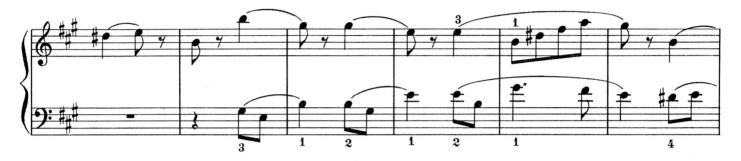

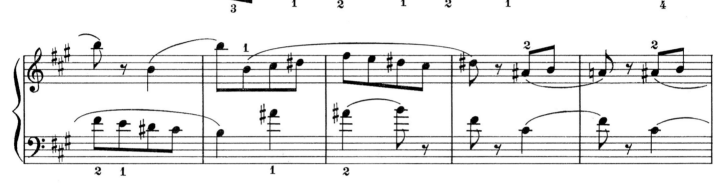

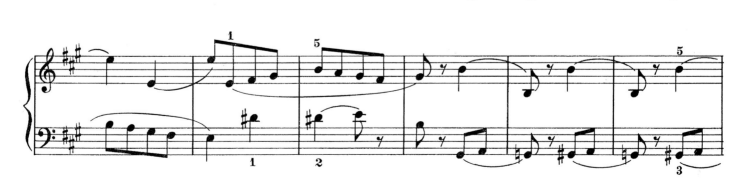

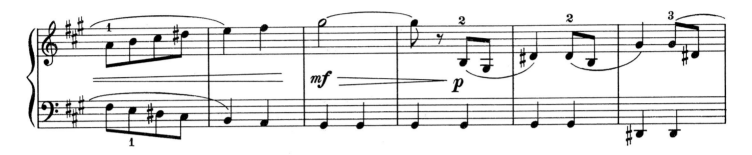

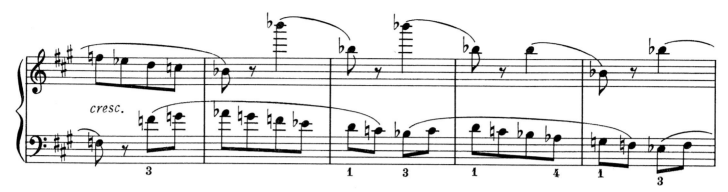

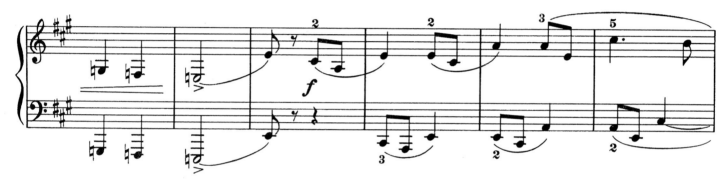

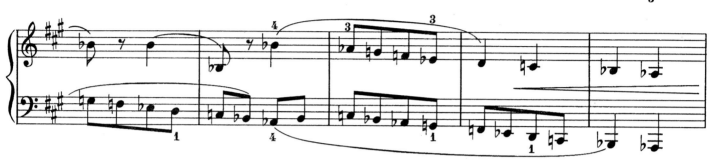

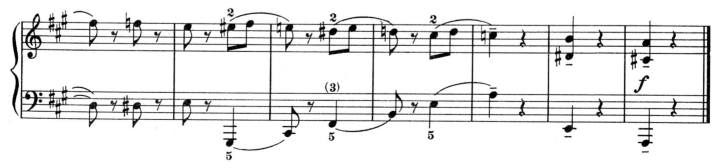

5. プレリュード と フーガ
(4 声)
(英雄の物語)

Allegro dramatico

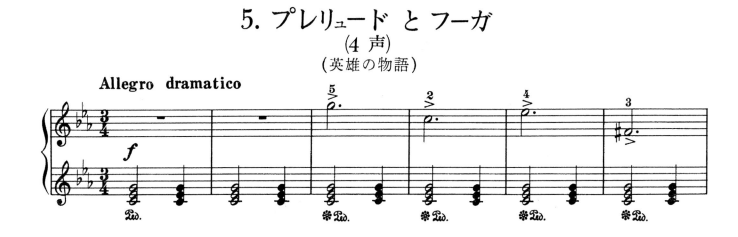

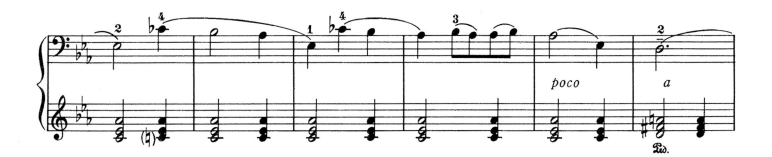

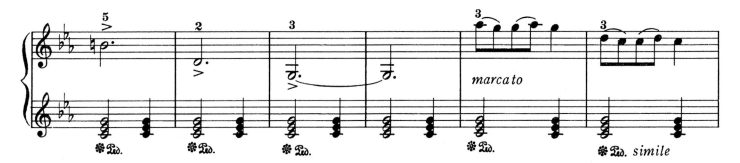

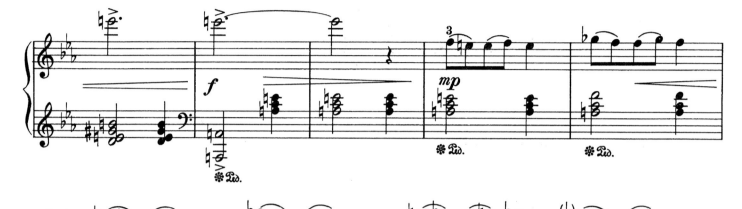

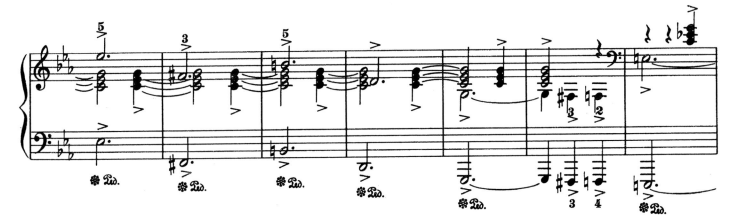

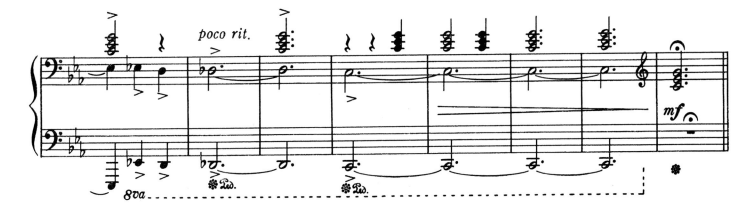

Andante sostenuto e molto espressivo

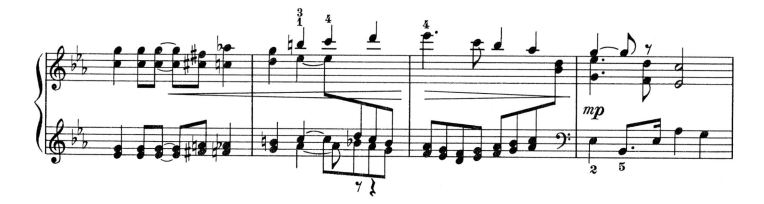

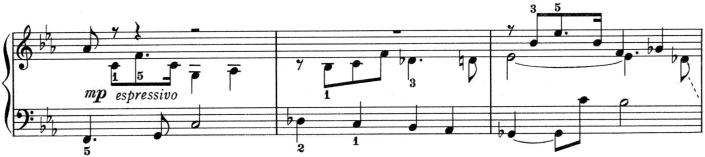

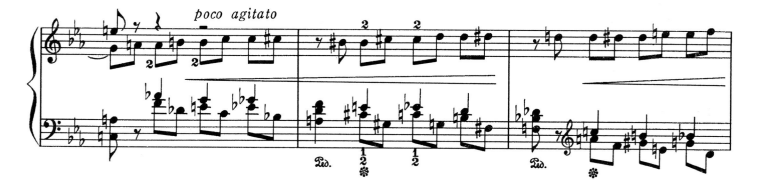

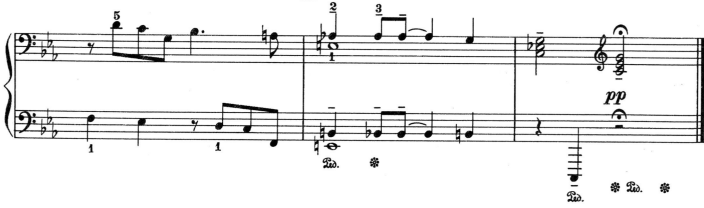

6. プレリュード と フーガ
（3声）
（労働祭）

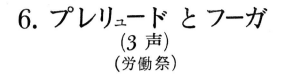

Allegro marcato

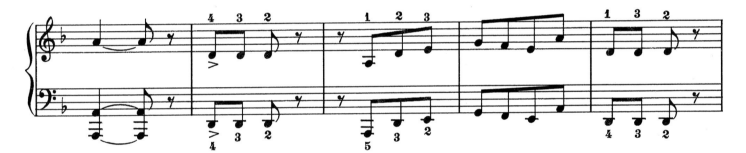

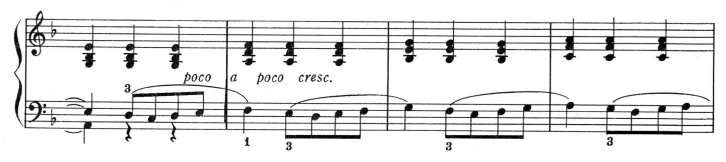

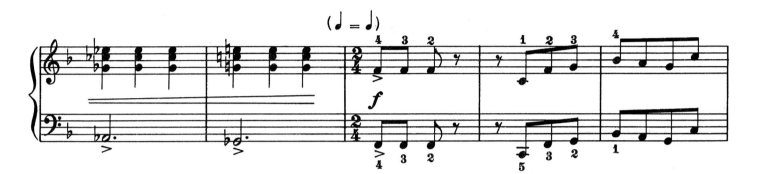

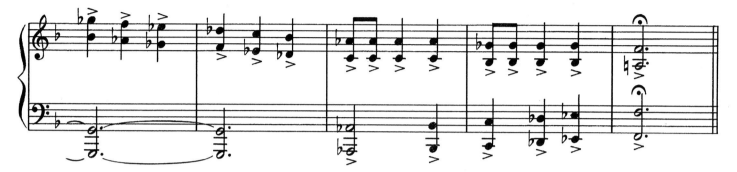

Poco più mosso. Marcato

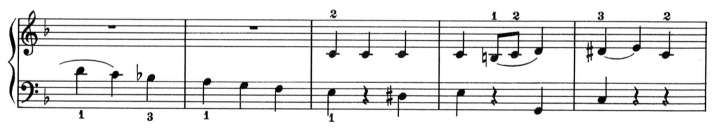

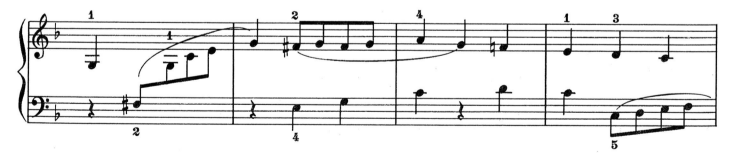

※）スラーのついていない全部の音符は歩くようにひく。

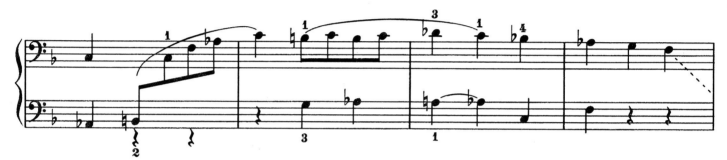

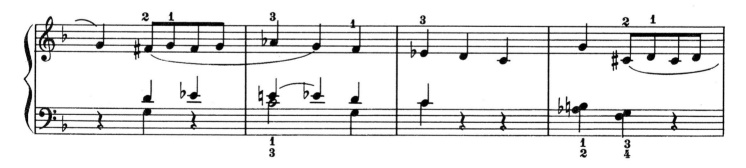

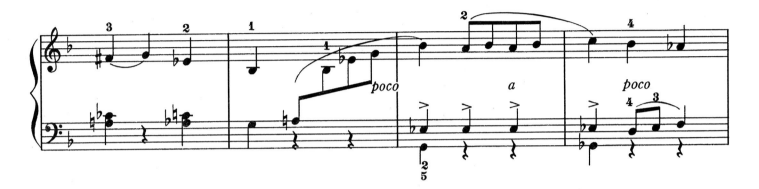

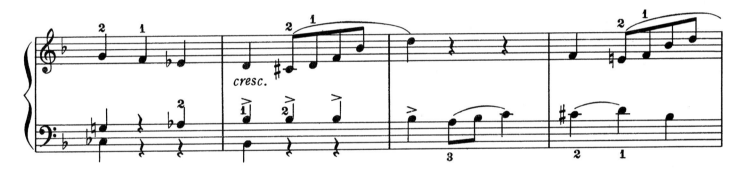

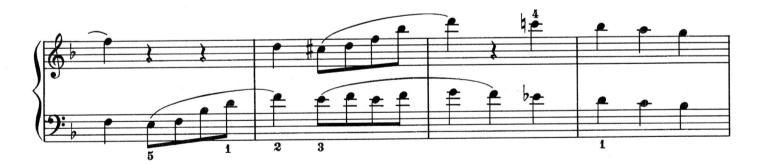

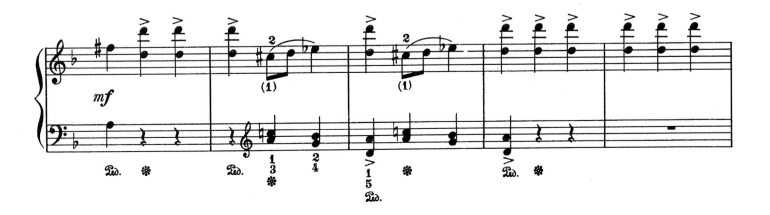

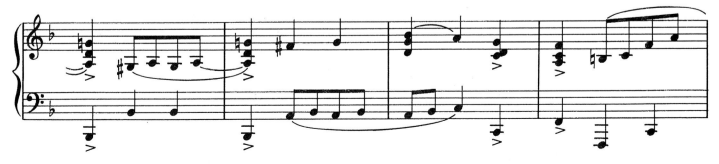

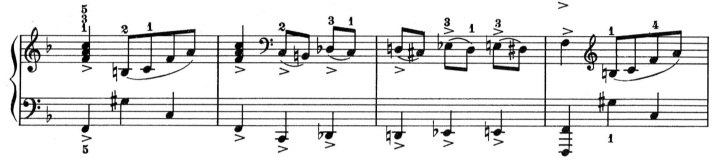

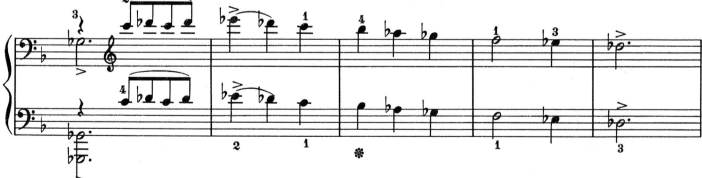

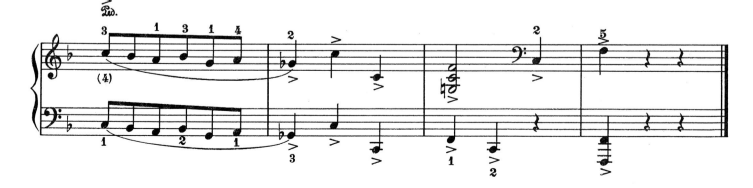

◎ 全音ピアノピース一覧表

※難易度は目安です。A=初級 B=初級上 C=中級 D=中級上 E=上級 F=上級上 を示しています。

No.	曲目	難易度	作曲者
1	月光の曲	E	ベートーヴェン
2	エリーゼのために	B	ベートーヴェン
3	銀波	D	ワイマン
4	トルコマーチ	B	モーツァルト
5	トロイメライ／ロマンス	D	シューマン
6	狩の歌	C	メンデルスゾーン
7	紡ぎ歌	A	エルメンライヒ
8	即興曲 Op.90-2	D	シューベルト
9	トルコマーチ	D	ベートーヴェン
10	軍隊ポロネーズ	E	ショパン
11	ワルツ(歌劇「ファウスト」の)	A	グノー
12	春の歌	D	メンデルスゾーン
13	ウィーンナ マーチ	A	ツェルニー
14	結婚行進曲	C	メンデルスゾーン
15	ト調のメヌエット／楽しき農夫	B	ベートーヴェン／シューマン
16	乙女の祈り	B	バダジェフスカ
17	ベニスの舟歌	B	メンデルスゾーン
18	悲歌	B	カリニコフ
19	楽興の時 Op.94-3	C	シューベルト
20	ハンガリー舞曲 第5番	D	ブラームス
21	軍隊行進曲	D	シューベルト
22	ガボット	A	ゴセック
23	ジョスランの子守歌	B	ゴダール
24	きらきら星変奏曲	D	モーツァルト
25	タンホイザーマーチ	C	ワーグナー
26	愛の夢 第3番	E	リスト
27	ラ・パロマ	A	イラディール
28	コッペリアの円舞曲	C	ドリーブ
29	アルプスの夕ばえ	B	エステン
30	トロイカ	C	チャイコフスキー
31	ロンドンデリーの歌	B	アイルランド民謡
32	グルックのガボット	C	ブラームス編
33	舞踏の後にみる愛の夢	B	チブルカ
34	さらばピアノよ	A	ベートーヴェン
35	小犬のワルツ	C	ショパン
36	ヘ調のメロディー	C	ルビンシュタイン
37	ホフマンの舟歌	B	オッフェンバッハ
38	花の歌	B	ランゲ
39	マズルカ Op.7-1	B	ショパン
40	ロンド ト長調 Op.51-2	C	ベートーヴェン
41	アルプスの鐘	B	エステン
42	再会(「謝肉祭」より)	D	シューマン
43	ロンド・カプリチオーソ	E	メンデルスゾーン
44	エコー(フランス序曲より)	B	バッハ
45	セレナーデ(弦楽四重奏第17番より)	A	ハイドン
46	葬送行進曲	D	ショパン
47	きけきけ雲雀を	B	シューベルト
48	タランテラ	B	ヘラー
49	森の鍛冶屋	B	ミヒャエリス
50	小さなさすらい人	B	ランゲ
51	ゴパック	B	ムソルグスキー
52	サラバンド／神の栄光	B	ヘンデル／ベートーヴェン
53	舟歌	C	チャイコフスキー
54	詩人と農夫	B	スッペ
55	ハバネラ(歌劇「カルメン」から)	B	ビゼー
56	メヌエット	B	ハイドン
57	メヌエット(弦楽五重奏曲第11番3楽章)	B	ボッケリーニ
58	タンブラン	B	ラモー
59	セレナーデ D.957-4	B	シューベルト
60	結婚行進曲(歌劇「ローエングリン」の)	B	ワーグナー
61	女学生	D	ワルトトイフェル
62	舞踏への勧誘	D	ウェーバー
63	別れの曲	F	ショパン
64	黒鍵のエチュード	F	ショパン
65	革命のエチュード	F	ショパン
66	木枯らしのエチュード	F	ショパン
67	ウィーンの森の物語	C	J.シュトラウス
68	春の声	C	J.シュトラウス
69	美しき青きドナウ	C	J.シュトラウス
70	歌の翼にのせて	B	メンデルスゾーン
71	水車	A	イエンゼン
72	雨だれの前奏曲	E	ショパン
73	エチュード Op.25-1	F	ショパン
74	幻想即興曲 嬰ハ短調	E	ショパン
75	マルタ	A	フロトー
76	ラルゴ(オンブラ・マイ・フ)	A	ヘンデル
77	アベマリア	A	グノー
78	ハレルヤ	C	ヘンデル
79	タランテラ舞曲	A	リー
80	人形の夢と目覚め	A	エステン
81	雲雀の歌	B	チャイコフスキー
82	悲しき歌	C	チャイコフスキー
83	春のめざめ	C	L.E.バッハ
84	魔弾の射手 序曲	C	ウェーバー
85	南国のばら	B	J.シュトラウス
86	朝の歌(「無言歌集」から)	B	メンデルスゾーン
87	森のこだま	B	ワイマン
88	マズルカ Op.6-3	C	ショパン
89	マズルカ Op.68-3	B	ショパン
90	羊飼いの子供	B	G.D.ウィルソン
91	天国と地獄	C	オッフェンバッハ(C.ビンダー編)
92			
93	アンダンテ カンタービレ(弦楽四重奏曲Op.11から)	B	チャイコフスキー
94	夕べのさえずり	B	リチャーズ
95	マリイ	B	リチャーズ
96	紡織	C	ラフ
97	グノーのセレナーデ	C	ランゲ編
98	ジプシーの群れ	A	ベール
99	ワルツ Op.83	D	デュラン
100	勿忘草	B	リヒナー
101	ト調のワルツ	A	ベール
102	水の精	A	ベール
103	スイスの田園詩	A	ベール
104	ティロリアンヌ	A	ルンメル
105	ポルカ・マズルカ	A	ベール
106	あやつり人形	A	ローデ
107	舞踏の時間に	A	リヒナー
108	子供の遊戯	A	ウォルフ
109	フーガ(小フーガ)ト短調 BWV578	D	バッハ(後藤丹編)
110	人形のお葬式	A	チャイコフスキー
111	喇叭手の小夜曲	A	スピントラー
112	ジプシーの踊り	A	リヒナー
113	セレナーデ	A	ヒラー
114	シャコンヌ ヘ短調	B	パッヘルベル(長谷川淑之編)
115	楽しい狩人	A	メルケル
116	すみれ	A	ストリーボッグ
117	ロンド ハ長調 Op.51-1	B	ベートーヴェン
118	ロマンツェ 変イ長調 KV.Anh.205	B	モーツァルト
119	イタリアの歌	A	チャイコフスキー
120	夜想曲 Op.9-1	E	ショパン
121	プレリュード Op.28-3	C	ショパン
122	プレリュード Op.28-6,7	C	ショパン
123	プレリュード Op.28-23	E	ショパン
124	二つのメヌエット BWV825	B	バッハ
125	アンダンテ(交響曲第94番「驚愕」より)	B	ハイドン
126	ハンガリー狂詩曲 第2番	F	リスト
127	ワルツ Op.Posth. ホ短調	B	ショパン
128	華麗なる大円舞曲 Op.18	D	ショパン
129	ラデツキーマーチ	B	J.シュトラウス
130	マズルカ Op.Posth.(ノートル・タン)	B	ショパン
131	夜想曲	B	レイバッハ
132	ロマンス	C	ルビンシュタイン
133	オルフェウス・サンライズ	D	J.ツェグレディ
134	6つの変奏曲 Op.34	E	ベートーヴェン
135	夜想曲 Op.9-2	E	ショパン
136	夜想曲 Op.72-1	E	ショパン
137	コンソレーション 第3番	D	リスト
138	かっこう	B	ダカン
139	パルティータ 第1番 BWV825	D	バッハ
140	厳粛なる変奏曲	F	メンデルスゾーン
141	闘牛士の行進／兵士の行進	B	ビゼー／グノー
142	ソナティネ「鐘」	B	吉本隆行
143	行進曲(歌劇「ノルマ」の)	A	ベッリーニ
144	凱旋行進曲(歌劇「アイーダ」の)	A	ヴェルディ
145	ソナタ 第1番 Op.2-1	D	ベートーヴェン
146	ソナタ 悲愴 Op.13	D	ベートーヴェン
147	ソナタ 第9番 Op.14-1	D	ベートーヴェン
148	ソナタ 第10番 Op.14-2	D	ベートーヴェン
149	ソナタ 葬送行進曲付 Op.26	D	ベートーヴェン
150	ソナタ 第19番 Op.49-1	B	ベートーヴェン
151	ソナタ 第20番 Op.49-2	B	ベートーヴェン
152	ソナタ ワルトシュタイン Op.53	F	ベートーヴェン
153	ソナタ 熱情 Op.57	F	ベートーヴェン
154	クシコス・ポスト	A	ネッケ
155	ウォータールーの戦い	A	G.アンダーソン
156	ユーモレスク	B	ドヴォルジャーク
157	アルプスの乙女の夢	A	ラビツキー
158	アルプスの山小舎にて	B	ランゲ
159	アニトラの踊り	B	グリーグ
160	ラ・カンパネラ	E	リスト
161	熊蜂の飛行	C	リムスキー・コルサコフ
162	ワルツ Op.39	C	ブラームス
163	皇帝円舞曲	C	J.シュトラウス
164	ダニューブ河の漣	B	イヴァノヴィッチ
165	即興曲 Op.90-4	C	シューベルト
166	さすらい人幻想曲	F	シューベルト
167	二つのスケルツォ	C	シューベルト
168	パピヨン	D	シューマン
169	飛翔	D	シューマン
170	こどものためのアルバム	A	シューマン
171	子守歌 Op.49-4	A	ブラームス
172	ハンガリー舞曲 第6番	C	ブラームス
173	タランテラ	F	リスト
174	森の水車	B	アイレンベルク
175	調子のよい鍛冶屋	C	ヘンデル
176	6つの変奏曲(うつろな心)WoO.70	B	ベートーヴェン
177	波濤を越えて	A	ローサス
178	スケーター・ワルツ	A	ワルトトイフェル
179	カルメン抜萃曲	B	ビゼー
180	軽騎兵	B	スッペ
181	メヌエット(組曲「アルルの女」の第2番から)	B	ビゼー
182	カール王行進曲	A	ウンラート
183	アマリリス	B	ギース
184	ソナタ テンペスト Op.31-2	E	ベートーヴェン
185	エコセーズ WoO.83-1	A	ベートーヴェン
186	蝶々	C	グリーグ
187	ロンド カプリチオ Op.129	B	ベートーヴェン
188	双頭の鷲の旗の下に	C	J.F.ワーグナー
189	ロンド ファヴォリ	B	フンメル
190	華麗なるロンド	D	ウェーバー
191	メヌエット KV.334(320b)	A	モーツァルト
192	ロンド ニ長調 KV.485	B	モーツァルト
193	夜想曲	B	フィールド
194	アメリカン・パトロール	B	ミーチャム
195	イタリア協奏曲	E	バッハ
196	月の光	C	ドビュッシー
197	2つのアラベスク	C	ドビュッシー
198	グラナダの夕べ	C	ドビュッシー
199	雨の庭	F	ドビュッシー
200	夢想	C	ドビュッシー
201	水の反映	F	ドビュッシー
202	亜麻色の髪の乙女	C	ドビュッシー
203	古風なメヌエット	E	ラヴェル
204	金婚式	B	マリー
205	メリーウィドーワルツ	B	レハール
206	ワルツ Op.64-2 嬰ハ短調	C	ショパン
207	思い出	B	ドルドラ
208	ソナチネ(青の詩)	C	助川敏弥
209	春に寄す	C	グリーグ
210	タンゴ	C	アルベニス
211	のばらに寄す	A	マクダウェル
212	ジプシー・ロンド	B	ハイドン
213	ロンド(ハ長調WoO.48/イ長調WoO.49)	B	ベートーヴェン
214	アンネン ポルカ	B	J.シュトラウス(和田則彦編)
215	マラゲーニャ Op.165-3	B	アルベニス
216	シャコンヌ	B	デュラン
217	ポエム Op.72	C	木村雅信
218	天使の夢	C	ルビンシュタイン
219	舟歌	F	ショパン
220	朱色の塔	C	アルベニス
221	ソナタ ホ長調 K.380,381	C	D.スカルラッティ
222	ソナタ イ長調 K.499,500	C	D.スカルラッティ
223	小さな風車	B	クープラン
224	修道尼モニク	C	クープラン
225	アラベスク	C	シューマン
226	夢のもつれ(「幻想小曲集」)	E	シューマン
227	夜想曲 Op.Posth. 嬰ハ短調	D	ショパン
228	二つのラプソディー	E	ブラームス
229	人形へのセレナード	E	ドビュッシー
230	沈める寺	E	ドビュッシー
231	ワルツ Op.34-2	C	ショパン
232	マズルカ Op.68-2	B	ショパン
233	アンダルーサ Op.37-5	D	グラナドス
234	ゴリウォグのケークウォーク	B	ドビュッシー
235	オルゴール	B	リャードフ
236	愛の挨拶	C	エルガー
237	白鳥(「動物の謝肉祭」から)	C	サン=サーンス
238	越後獅子	B	杵屋六左衛門
239	六段	A	八橋検校
240	千鳥の曲	C	吉沢検校
241	クロス・モード	E	本間雅夫
242	おどり	C	橋本国彦
243	踊子の稽古帰り	D	橋本国彦
244	トルコふうロンド	B	ブルクミュラー
245	アルビノーニのアダージョ	C	アルビノーニ＝ジャゾット(後藤丹編)
246			
247	幻想曲 ニ短調 KV.397(385g)	D	モーツァルト
248	叙情小曲集第二集から Op.38-1,2,5,6,7	C	グリーグ
249	三つの幻想小曲集	E	シューマン
250	小さいロンド	A	A.ジュリアーニ
251	山彦	A	ベール
252			
253	叙情小曲集第一集から Op.12-2,3,4,5,6,7	B	グリーグ
254	幻想曲 ハ短調 KV.475	E	モーツァルト
255	舟歌	B	ゴダール
256	花のワルツ	C	ケトゥラー
257			
258			
259			
260			
261	前奏曲 嬰ハ短調 Op.3-2	D	ラフマニノフ
262	エレジー	D	ラフマニノフ
263	メロディー	C	ラフマニノフ
264	道化役者	C	ラフマニノフ
265	舟歌	C	ラフマニノフ
266	夜曲	D	橋本国彦
267	雨の道	C	橋本国彦
268	小円舞曲	C	橋本国彦
269	水色のワルツ 変奏曲	D	高木東六
270	ピアノのためのカプリチョ	D	奥村一
271			
272			
273	前奏曲とフーガ KV.394(383a)	D	モーツァルト
274	剣の舞	C	ハチャトゥリャン
275	トルコ行進曲の主題による6つの変奏	C	ベートーヴェン
276	荒野のバラ	A	ランゲ
277	即興舞曲	E	奥村一
278	主よ、人の望みの喜びを	B	バッハ(M.ヘス編)
279	デュポールのメヌエットによる九つの変奏	D	モーツァルト
280	すずらん	C	S.スミス

No.281以降のピアノピースについてはNo.281以降の一覧表をご覧ください。

〈電話〉営業部 03-3227-6270／出版部 03-3227-6280 〈URL〉http://www.zen-on.co.jp/

難易度別教本・曲集一覧 3

	中級・第3課程		中級・第4課程	
練習曲・テクニック	ツェルニー・30番練習曲Op.849 ツェルニー・小さな手のための25の練習曲Op.748 ツェルニー・左手のための24の練習曲Op.718 ツェルニー・8小節の練習曲Op.821★ ヘラー・25の練習曲Op.45 ルクーペ・ツェルニー40番への準備練習Op.26 ベルティーニ・25のやさしい練習曲Op.100 トンプソン現代ピアノ教本3・4 ブルグミュラー・18の練習曲Op.109 ★ルクーペ・ピアノの練習ラジリテOp.20 ★ルモアーヌ・こどものための50の練習曲Op.37 ★デュベルノア・2つの練習曲Op.120 ★全訳ハノンピアノ教本★	テーケ・ピアノテクニック(3) ブレディー・ピアノ教本(テクニック) ★48の基礎練習曲集・リトルピシュナ ベートーヴェン指の訓練と楽想の断章★ ★クラック・オクターブ奏法の練習曲 ベレンス左手のトレーニング★ ヘラー・リズムと表現のための練習Op.47	ツェルニー・40番練習曲Op.299 ★ツェルニー・8小節の練習曲Op.821 ツェルニー・毎日の練習曲Op.337★ ★全訳ハノンピアノ教本 ヘラー・30の練習曲Op.46 ブルグミュラー・12練習曲 クレメンティ前奏曲と音階練習曲集 トンプソン・現代ピアノ教本5 リスト12の練習曲Op.1★ ★ベートーヴェン指の訓練と楽想の断章 ★クラック・オクターブ奏法の練習曲	★ベレンス左手のトレーニング ベレンス40の練習曲★ スクリアビンピアノ曲集エチュード(全曲)★ モシュコフスキー・20の小練習曲Op.91 ラウタヴァーラエチュード集Op.42
複音楽	バッハ・インベンションとシンフォニア(ビショップ)★ バッハ・インベンションとシンフォニア(市田編)★ バッハ・インベンション ★バッハ・小プレリュードと小フーガ★	バロック名曲集(下)	★バッハ・インベンションとシンフォニア(ビショップ) ★バッハ・インベンションとシンフォニア(市田編) ★バッハ・インベンション ★バッハ・小プレリュードと小フーガ バッハ・ピアノのための10の編曲(ケンプ編)	バッハ六つのフランス組曲(市田)★ バッハ・フランス組曲★ スカルラッティ・100のソナタ1・2・3(橋本英二編)★ スカルラッティ・60のソナタ上・下 (カークパトリック編)★
古典	★ソナチネ・アルバム1・2 ★ツェルニー・ソナチネアルバムOp.163・49 ★クレメンティ・ソナチネアルバム ディアベルリ・ソナチネアルバム モーツァルト・6つのウィーン・ソナチネ モーツァルト幼年時代の作品集・ロンドンの楽譜帳	モーツァルト・アイネ・クライネ・ナハトムジーク ベートーベン・ピアノ名曲集★	ソナタ・アルバム1 モーツァルト・ソナタアルバム1・2★ モーツァルト・ピアノソナタ全集1・2(サディ編) モーツァルト交響曲40番ト短調 ★ベートーベン・ピアノ名曲集	ベートーベン・ピアノ変奏曲2★ ベートーベン・ソナタアルバム1・2★ ベートーベン・ピアノソナタ集1・2(トーヴィ編)★
ロマン	★クラック・こどもの生活 ★シューマン・ユーゲントアルバムOp.68★ ラング・ピアノアルバム メンデルスゾーン・こどものための小品集★ グリーグ・ピアノ名曲集1 ベルティーニ・24の小品集Op.101 メリカント・ピアノアルバム ムソルグスキーピアノ作品集		★メンデルスゾーン・こどものための小品集 メンデルスゾーン・無言歌集★ ヨハン・シュトラウス・ワルツ・ポルカ集 チャイコフスキー・くるみ割り人形 チャイコフスキー・四季 チャイコフスキー・組曲白鳥の湖 チャイコフスキー・組曲眠れる森の美女 ★シューマン・ユーゲントアルバムOp.68 シューマン・蝶々とアラベスク シューマン・こどものための3つのソナタ シューマン・森の情景 シューマン・子供の情景とアベッグ変奏曲★	シューマン・リーダークライス ショパン・マズルカ集 ショパン・ワルツ集★ ★グリーグピアノ名曲集1・2 ガーデピアノ作品集 イエンゼンピアノアルバム★ ジョン・フィールドピアノ名曲選集★ リャードフピアノ作品集 スクリアビンピアノ曲全集第3・4・5巻 アレンスキーピアノ作品集 ロマン期名曲集上・下
近・現代	カバレフスキー・6つのプレリュードとフーガ Op.61★ カバレフスキー・6つの小曲集こどもの夢Op.88 ★カバレフスキー・こどものためのピアノ小曲集Op.27 マクダウエル・森のスケッチ★ シベリウス8つの小品 フォーレ・ピアノ小品集★ ★ギロック叙情小曲集	ドビュッシー・ピアノ小品集★ ★ハチャトゥリアン・少年時代の画集 ハンニカイネン・ピアノアルバム★ パルムグレン・ピアノ名曲集 エリック・サティ・ピアノアルバム	★カバレフスキー・6つのプレリュードとフーガOp.61 カバレフスキー・春の遊びと踊り・叙情的旋律Op.81・91 ハチャトゥリアン・ピアノ作品集 シベリウス・ピアノアルバム ★フォーレ・ピアノ小品集 フォーレ・ドリー組曲Op.56 ★マクダウエル森のスケッチ プロコフィエフ・はじめての小曲集 ショスタコビッチ・ピアノ作品集 ★ドビュッシー・ピアノ小品集 ドビュッシー・こどもの領分★	ドビュッシー・ベルガマスク組曲★ ドビュッシー・アラベスクとピアノのために★ メラルティン・悲しみの園Op.52 カスキピアノ小品集 ★ハンニカイネン・ピアノアルバム パルムグレン24の前奏曲 メトネル・ソナタ回想 グバイドゥーリナ子供のためのピアノ音楽のおもちゃ箱 近現代名曲集上・下
曲集	★全音ピアノ名曲100選・初・中級★ ★ピアノコスモス3 ★ソナチネの友・ピアノ小品55曲集2 ★わたしはピアニスト3 ピアノの宝石箱1★ ★子供音楽会ピアノ名曲集(中級)	表現のためのピアノ曲集 ★かわいいピアニスト5 全音ピアノピースベストセレクション101①〜	★全音ピアノ名曲100選初級・中級★ 全音ピアノ名曲選集上・中・下★ ★ピアノの宝石箱1・2★ ★全音ピアノピースベストセレクション101①〜	
連弾・2台	★こどものれんだん(田村宏編) ★ディアベルリ・ピアノ連弾曲集2Op.163 ディアベルリ・ピアノ連弾曲集3Op.24・54・58・60 ★シューマン・こどもの舞踏会Op.130 ★ストラビンスキー・P連弾のためのやさしい小品集 ★2台のピアノ・ブルグミュラー25の練習曲 モシュコフスキースペイン舞曲集 ★デュセック三つの連弾ソナタ	★ツェルニー・50の連弾曲集 ★グルリット・2台のための8つの小品 ピアノ絵本館①チャイコフスキーくるみわり人形 ★ピアノ絵本館②チャイコフスキー白鳥の湖 ★ピアノ絵本館③チャイコフスキー眠れる森の美女 ピアノ絵本館⑨モーツァルト魔法の笛 モーツァルト=グリーグ2台のPソナタとＰ幻想曲 別宮貞雄北国の祭り(連弾)	クレメンティ連弾ソナタアルバム ブラームス・ワルツ集(連弾) ブラームスワルツ愛の歌(連弾) フォーレ・ドリー組曲(連弾)Op.56 シュトラウスピアノ連弾曲集1・2 ピアノ連弾名曲選集1(ツェグレディ編) 林光ブランキ(連弾のための) ピアノ絵本⑥プロコフィエフ・ピーターと狼	ハイドンピアノ協奏曲ニ長調(2台)
邦人作品	★間宮芳生・にほんのこども2 湯山昭・お菓子の世界★ 入野義朗・ピアノ作品集★ 松平頼則ピアノ作品集★ 青島広志ピアノのための泰西名画集	毛利蔵久10のエチュード	★湯山昭・お菓子の世界 諸井誠・ソナチネの花束 清瀬保二・ピアノのためのポエム ★松平頼則・ピアノ作品集 松平頼則・日本旋法による ピアノのための練習曲★	松本民之助ピアノのためのアルバム ★入野義朗・ピアノ作品集 間宮芳生ピアノソナタ第1番

書名頭の★印は前課程と書名の後の★印は次課程と併用します。

カバレフスキー
6つのプレリュードとフーガ Op.61　●
全音楽譜出版社出版部編

発行 ── 株式会社全音楽譜出版社
── 東京都新宿区上落合2丁目13番3号〒161-0034
── TEL・営業部03・3227-6270
── 出版部03・3227-6280
── URL http://www.zen-on.co.jp/
── ISBN978-4-11-160720-4